Marilyn Price & Friends present the Alphabet from Alef to Tav

A Hebrew Reading Readiness Adventure

Photography by
Mark Robert Halper

 Torah Aura Productions

ISBN# 0-933873-99-9
Copyright © 1998 Torah Aura Productions
Photographs by Mark Robert Halper
Puppets by Marilyn Price
Published by Torah Aura Productions

Torah Aura Productions
4423 Fruitland Avenue
Los Angeles, CA 90058
(800) 238–6724
(323) 585-7312
fax (323) 585–0327
e-mail <misrad@torahaura.com>
Visit the Torah Aura Website at WW.TORAHAURA.COM

MANUFACTURED IN THE UNITED STATES OF AMERICA

Name these א words:

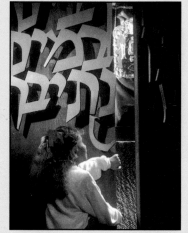

אֲרוֹן-הַקּוֹדֶשׁ

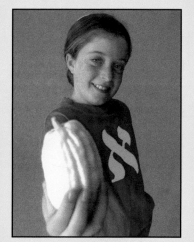

אֶתְרוֹג

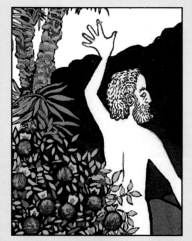

אָדָם

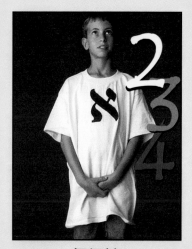

אֶחָד

ALEF אָלֶף

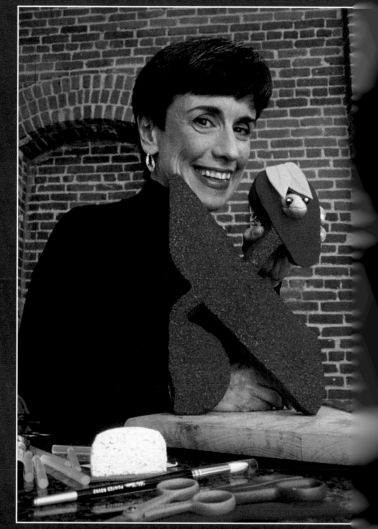

Trace these letters.

א א א א

Cross out the letters that are not א.

1. א א ת א א

2. א א א א ט

3. א שׁ א צ א

4. ר א בּ א א

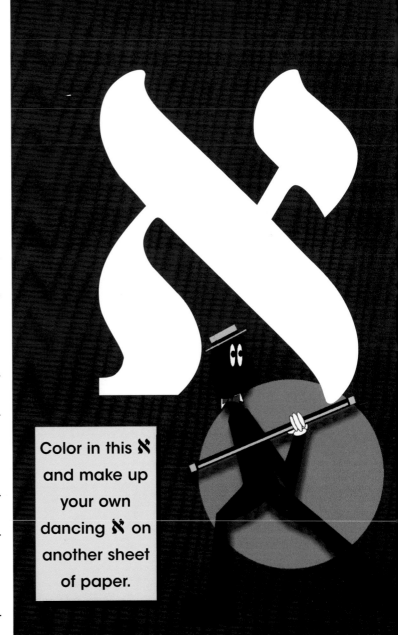

Color in this א and make up your own dancing א on another sheet of paper.

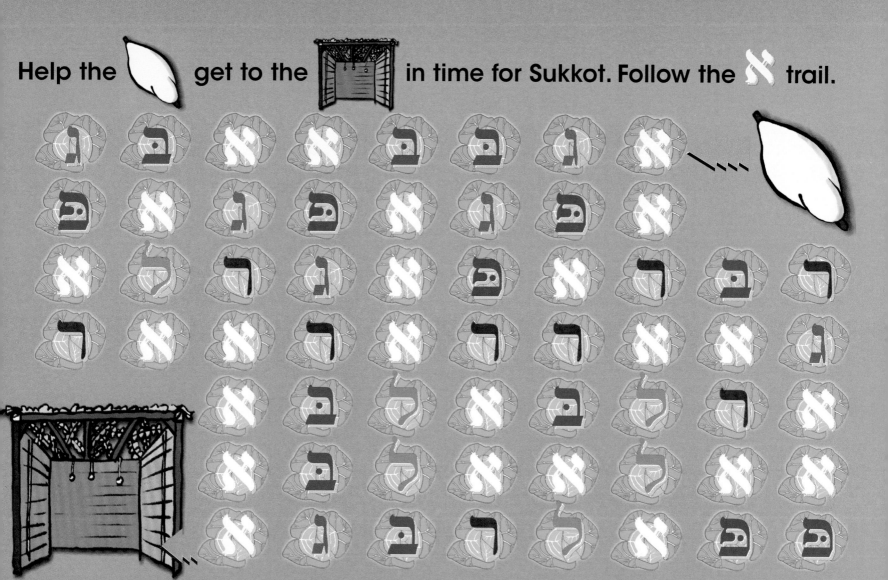

Help the get to the in time for Sukkot. Follow the א trail.

Sound out these lines. Start with your finger on the number 1.

1. אָ אָ אָ אָ

2. אָ אָ אָ אָ

3. אָא אָ אָא אָ

4. אָא אָא אָא אָא

kamatz ָ

Marilyn is holding an א. Under the א she is holding a vowel. This vowel is a ָ (kamatz). It makes the sound the doctor asks you to make when she checks your throat. Can you make that sound?

Name these בּ words:

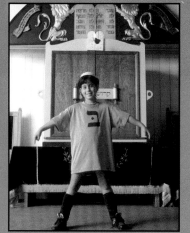

בִּימָה

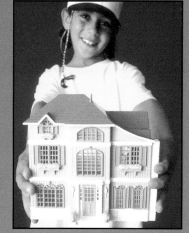

בַּיִת

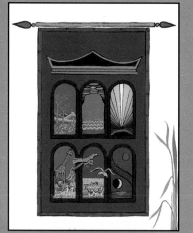

בְּרֵאשִׁית

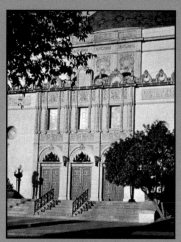

בֵּית כְּנֶסֶת

BET בֵּית

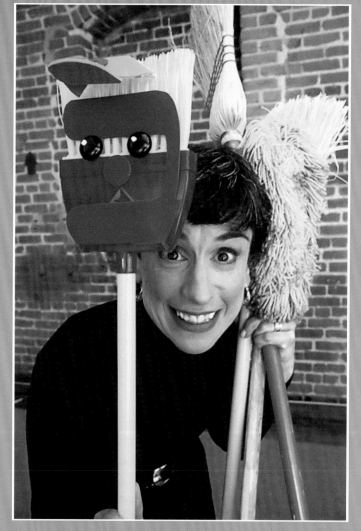

Trace these letters.

בּ בּ בּ בּ

Circle the בּ letters.

1. בּ א א בּ בּ

2. בּ ד מ בּ ל

3. ר בּ ס בּ נ

4. כּ בּ בּ פּ צ

Color in this בּ and make up your own בּ animal on another sheet of paper.

A whole bunch of א and ב letters are hiding on this page. It is your job to seek.

Sound out these lines. Start with your finger on the number 1.

1. בָּ בָּ בָּ בָּ

2. אָ בָּ בָּ אָ

3. בָּב אָב בָּב אָבּ

4. אָב בָּא אָבּ בָּב

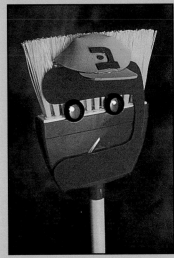

vet ב

Marilyn is holding a ב. It is a בּ except there is no dot in the middle. The dot is called a dagesh. Without the dagesh, ב makes the sound of a "v." When you learn more Hebrew, you will learn when בּ has a dagesh.

Name these ג words:

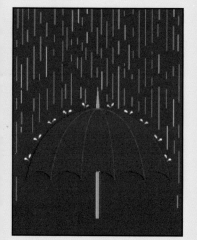

גֶשֶׁם

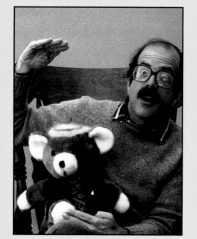

גָדוֹל

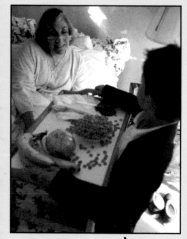

גְמִילוּת חֲסָדִים

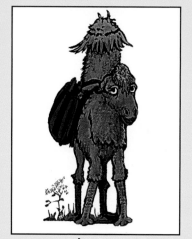

גָמָל

GIMMEL גִּמֶל

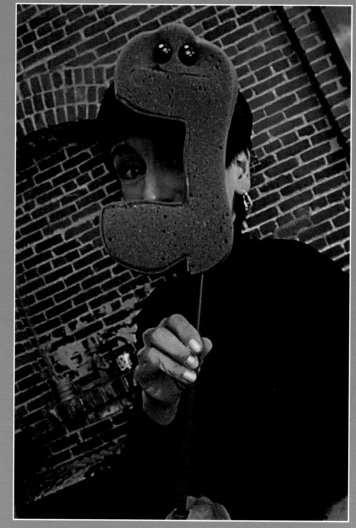

Trace these letters.

ג ג ג ג

א ב ג

1. ג ב א ג ב

2. נ ג ב ג א

3. ב נ ג א ג

Color in this ג and make up your own acrobat performing a ג.

After the class picture the dinosaurs are going on a field trip. Break them into three even bus groups by marking their name tags א, בּ, or ג.

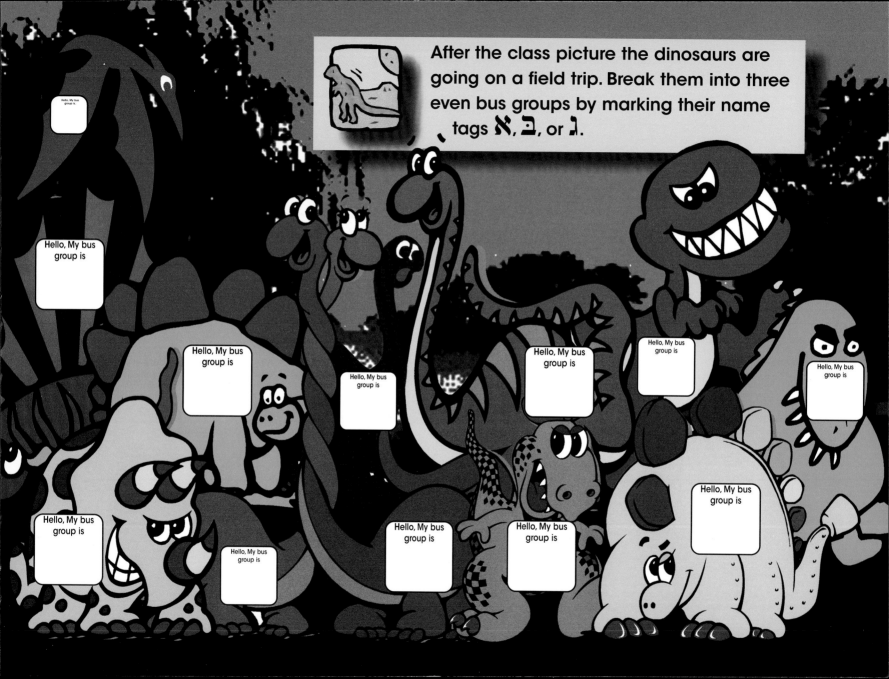

Sound out these lines. Start with your finger on the number 1.

1. גָ גָ גָ גָ

2. אָ בָּ גָ גָ

3. אָג אָב בָּא בָּג

4. גָא גָב גָג אָג

Name these ד words:

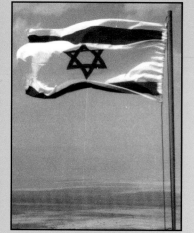

דֶּגֶל

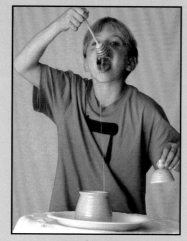

דְּבַשׁ

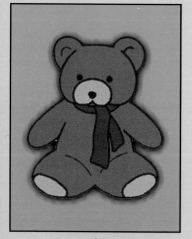

דֹּב

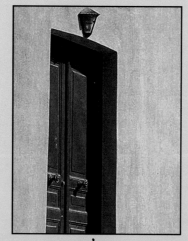

דֶּלֶת

DALET דָּלֶת

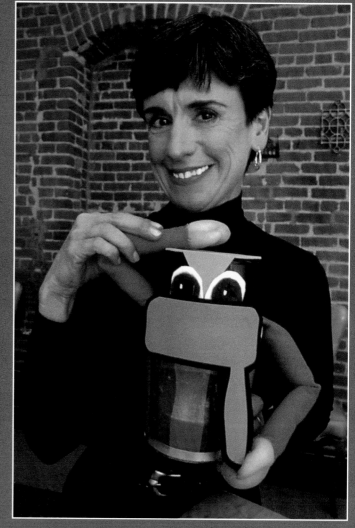

Trace these letters.

ד ד ד ד

Circle the letters that are the same.

1. ד א ג ד א

2. בּ ד בּ ב ג

3. א ג א ד בּ

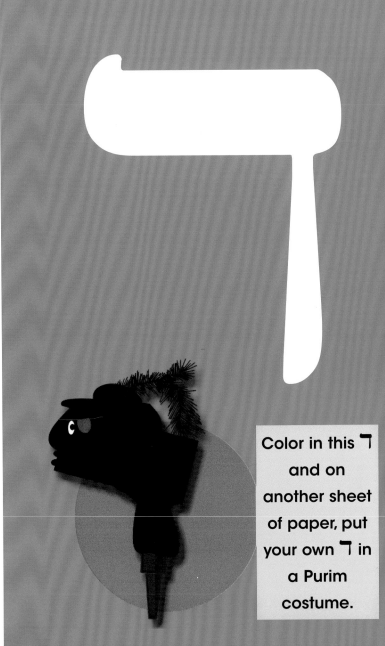

4. ד ב בּ ד ג

Color in this ד and on another sheet of paper, put your own ד in a Purim costume.

Rather be fishin'?
Catch the fish with
the letter ד by
drawing a circle
around each.

Sound out these lines. Start with your finger on the number 1.

1. דַ דַ דַ דַ

2. דַ דָ דַ דָ

3. דָב דַג דָא דַד

4. אַד בָּד גַד דָד

patah̲ —

Marilyn is holding a ד. Under the ד she is holding a vowel. This vowel is a — (patah̲). It also makes the sound the doctor asks you to make when she checks your throat. Can you make that sound?

Name these ה words:

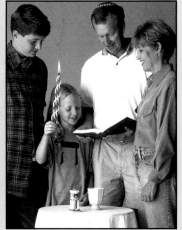

הַבְדָּלָה

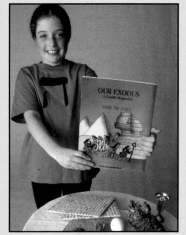

הַגָּדָה

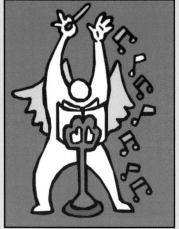

הַלְלוּיָהּ

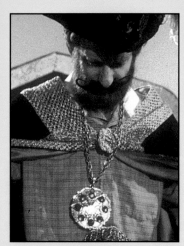

הָמָן

HEY הֵא

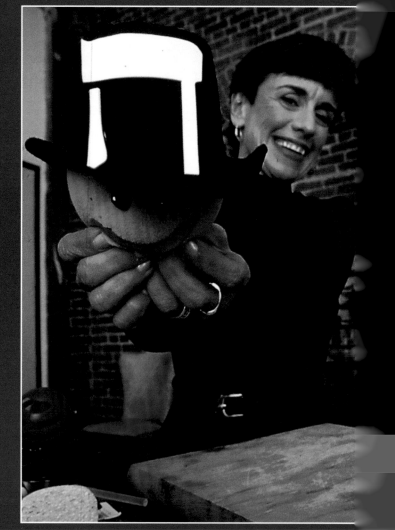

Trace these letters.

ה ה ה ה

ה ד ג

2. א ה ד בּ ג

3. ה ד ה ג ב

4. ג ד ה ה א

ה

Color in this ה and on another piece of paper make up your own really weird ה.

Today you are the chef. Connect each person to the fruit he or she likes best.

Today you are the chef. Connect each person to the vegetable he or she likes best.

Sound out these lines. Start with your finger on the number 1.

1. הָ הַ הַ הָ

2. אָה בָּה גָה דָא

3. הָא הַב דָה הַד

4. הַג גָה בָּה הַב

When we add an "h" at the end of the word, such as hallelujah, the "h" is silent. When a ה comes at the end of a Hebrew word it is silent, too.

Name these ו words:

וַשְׁתִּי

וֶרֶד

וִכּוּחַ

וָו

VAV

וָו

Trace these letters.

ו ו ו ו

Circle all of the ו letters.

1. ג ו ד ה ו

2. א ב ו ו בּ

3. ו ה ג א ו

4. ג ו ו ב ו

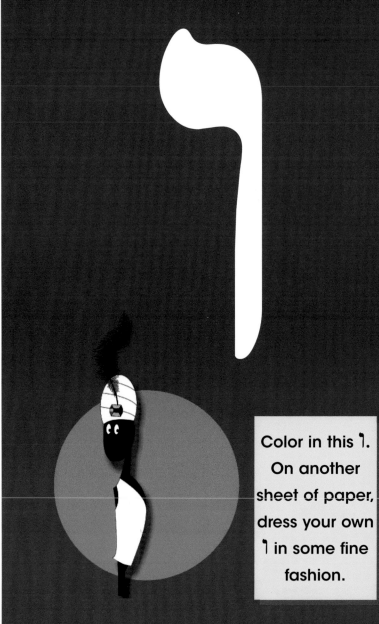

Color in this ו.
On another
sheet of paper,
dress your own
ו in some fine
fashion.

These dogs are learning to obey. Draw a line to show each dog the shortest path to his or her owner.

Sound out these lines. Start with your finger on the number 1.

1. וִ וָ וִ וַ

2. וִ בִּ דִ גִ

3. וַד וִד וִב וִו

4. דִו גִד אִה בִּג

hirik ●

Marilyn is holding a ו. Under the ו she is holding a vowel. This vowel is a ● (hirik). It makes the sound you scream when there is a mouse running around on the floor.

Name these ז words:

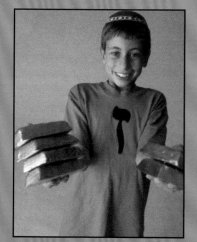

זָהָב

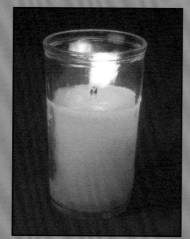

זִכָּרוֹן

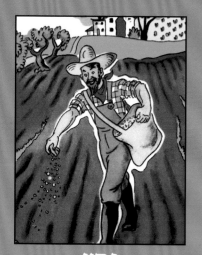

זֶרַע

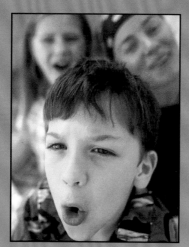

זְמִירוֹת

ZAYIN זַיִן

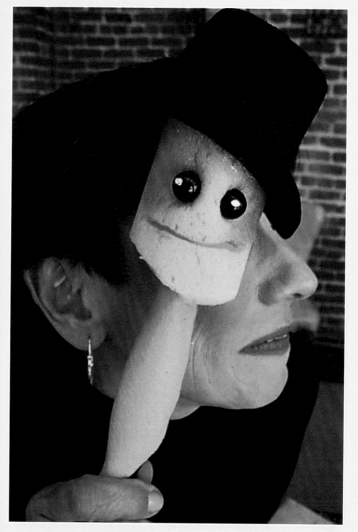

Trace these letters.

ז ז ז ז

Cross out the letters that are not ז.

1. ד ג בּ ז א

2. ג ז ה ב ז

3. ז א בּ ז ו

4. ג ז ו ז ז

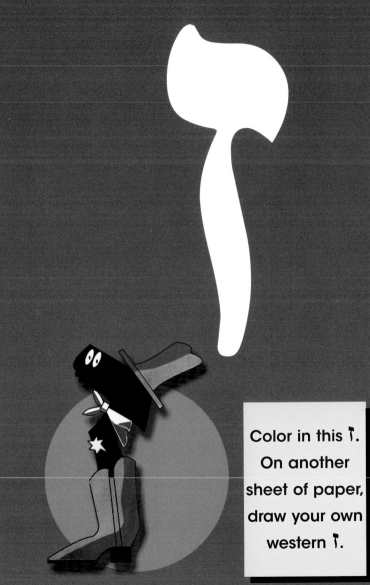

Color in this ז. On another sheet of paper, draw your own western ז.

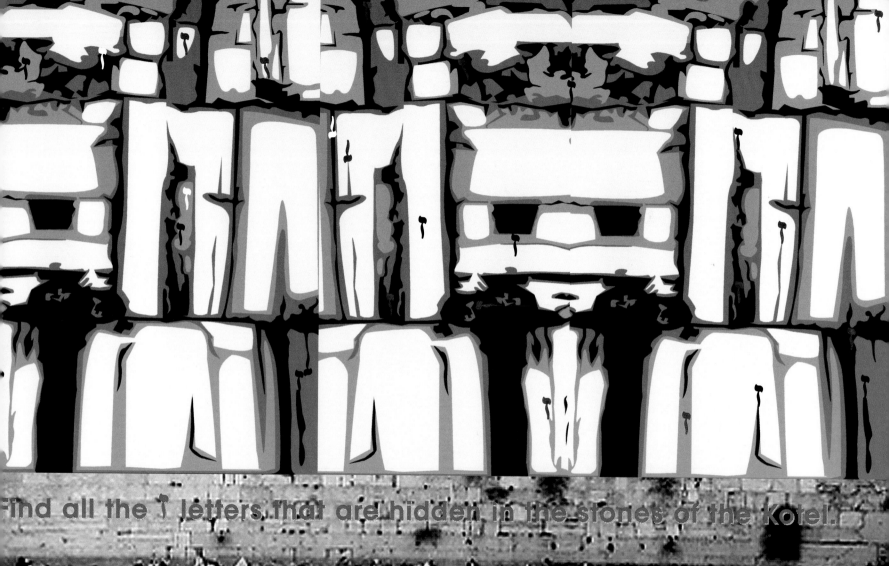

Find all the ז letters that are hidden in the stones of the Kotel.

Sound out these lines. Start with your finger on the number 1.

1. זִ זִ זִ זָ

2. זָ הַ גִ וַ

3. גַז אַז זִב אִז

4. בִּז זַד וִג זִה

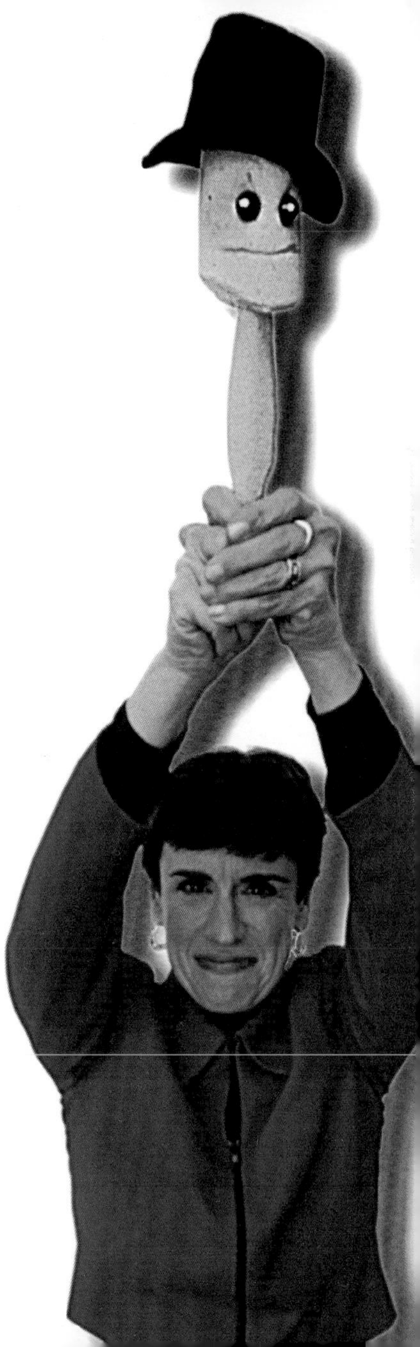

Name these ח words:

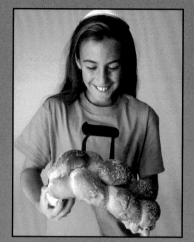

חַלָּה

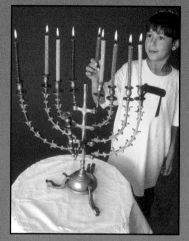

חֲנֻכִּיָּה

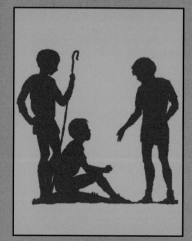

חֲבֵרִים

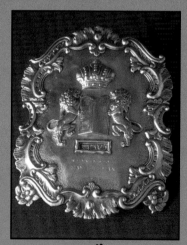

חֹשֶׁן

HET חֵית

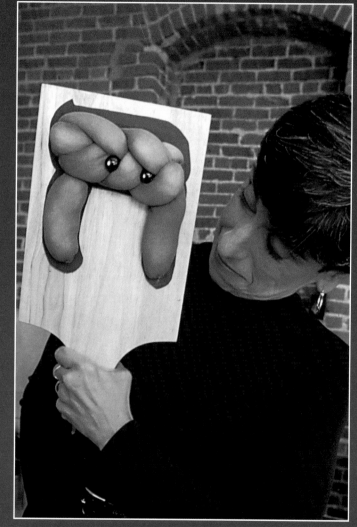

Trace these letters.

ח ח ח ח ח

ח ז ו

1. ח ח ו ז ח

2. ד ו ז ח ז

3. א בּ ו ג ח

Color in this ח and make up your own ח couple on another sheet of paper.

Do you want to fly? Circle the ח team that may just give you a ride.

Sound out these lines. Start with your finger on the number 1.

1. חָ חֵ חִ הַ

2. בֵּ גֵ דֵ זִ

3. חֵד אִב זֵה חָב

4. אֵג בִּד חִז הִז

tzere ●●

Marilyn is holding a ח. Under the ח she is holding a vowel. This vowel is a ●● (tzere). When you say a ●● and then a ח you get the sound people make after they have spit out food that tasted bad.

Name these ט words:

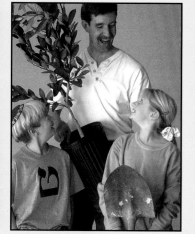

ט"ו בִּשְׁבָט

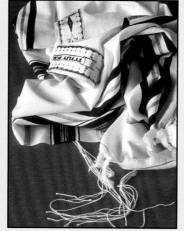

טָלִית

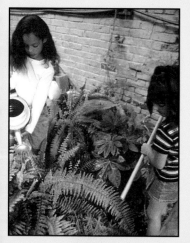

טֶבַע

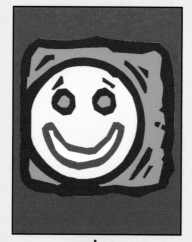

טוֹב

TET טֵית

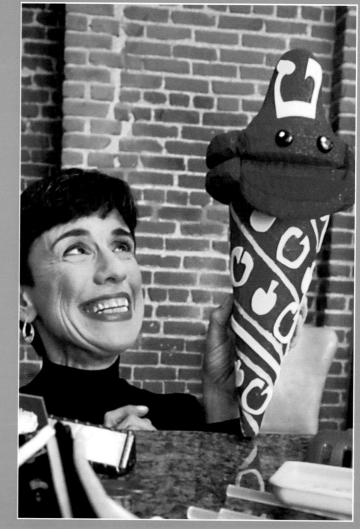

Trace these letters.

ט ט ט ט

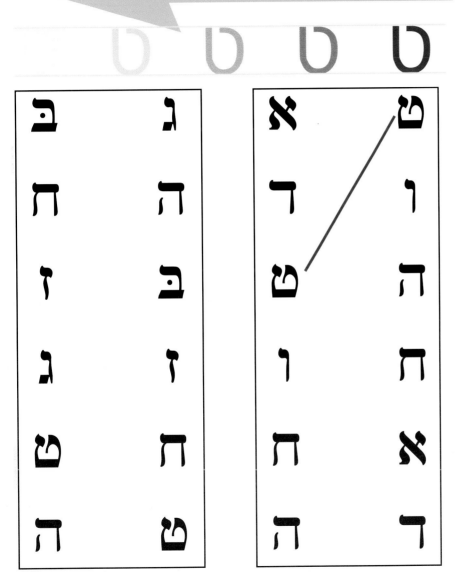

ט	א
ו	ד
ה	ט
ח	ו
א	ח
ד	ה

ג	בּ
ה	ח
בּ	ז
ז	ג
ח	ט
ט	ה

Color in this ט and make up your own performing ט on a separate piece of paper.

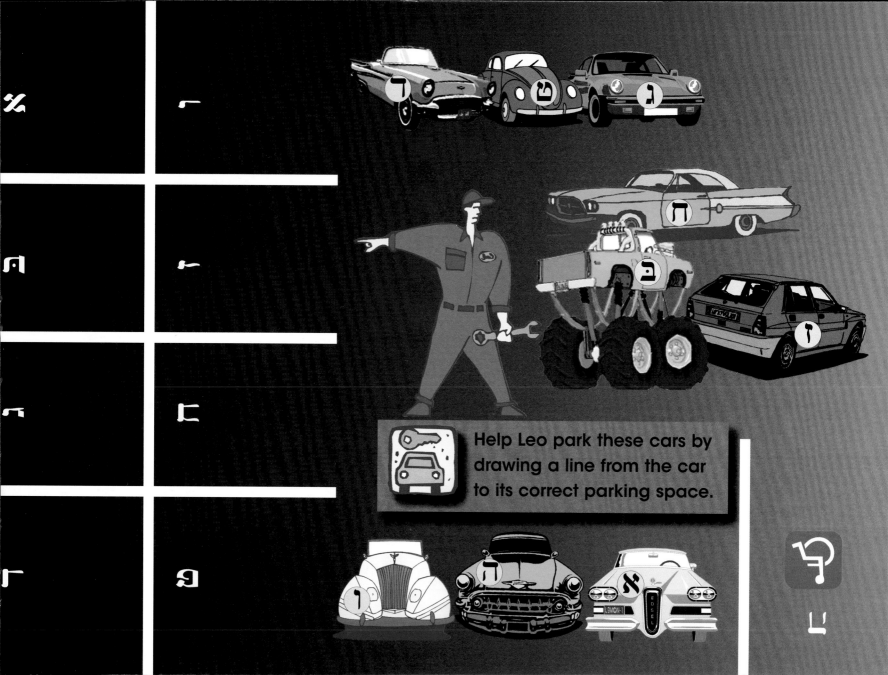

Help Leo park these cars by drawing a line from the car to its correct parking space.

Sound out these lines. Start with your finger on the number 1.

1. טֵ טָ טִ טַ

2. זֵ חִ וַ דָ

3. טָג טַב טִז טֵד

4. גֵט חִט בַּט אָט

Name these י words:

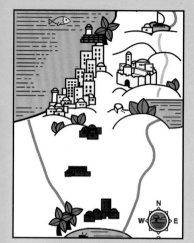

יִשְׂרָאֵל

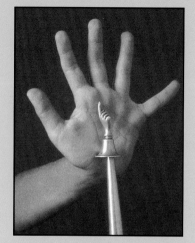

יָד

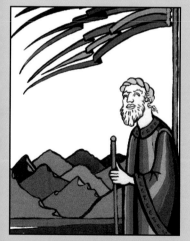

יוֹסֵף

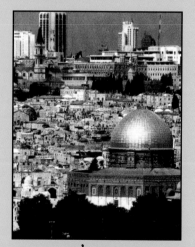

יְרוּשָׁלַיִם

YUD יוּד

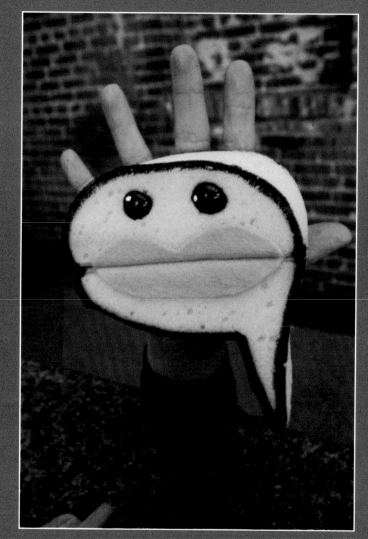

Trace these letters.

ד ד ד ד

Circle the letters that are the same.

1. ד י א ו י

2. ט ה ח ט ג

3. ה ח ה י ז

4. י ד ז ו י

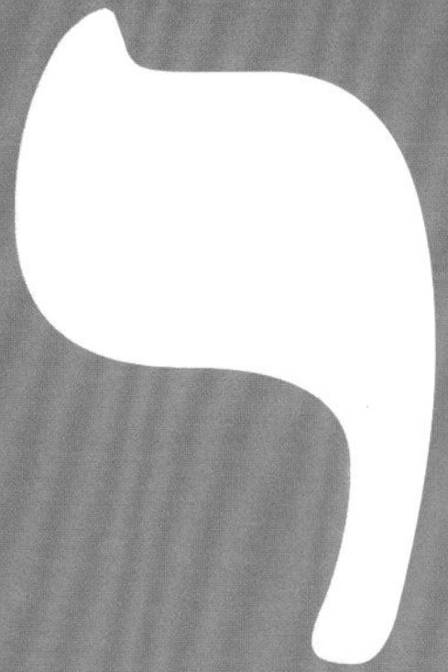

Color in this י. On another sheet of paper, draw your own flying י.

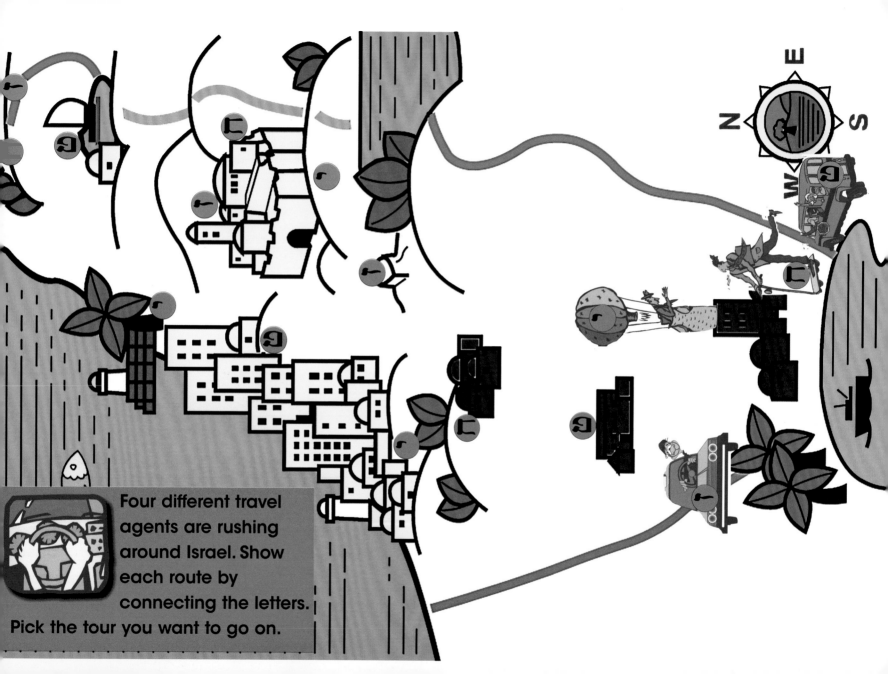

Four different travel agents are rushing around Israel. Show each route by connecting the letters. Pick the tour you want to go on.

Sound out these lines. Start with your finger on the number 1.

1. יֶ יֵ יְ יָ

2. דְ הֵ טַ אֶ

3. יְב יֶג יַח יָד

4. יֶט בֵּז הְג וְז

segol ◌ֶ

Marilyn is holding a י. Under the י she is holding a vowel. This vowel is a ◌ֶ (segol). It sounds like the ◌ֵ.

Name these כּ words:

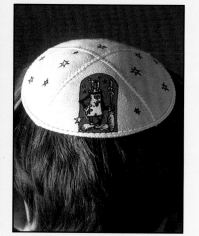

כִּפָּה

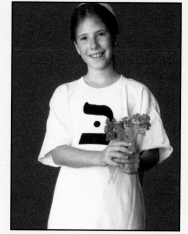

כַּרְפַּס

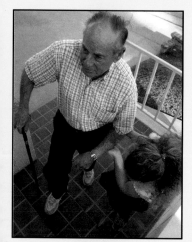

כָּבוֹד

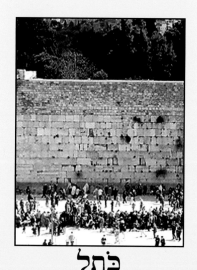

כֹּתֶל

KAF כָּף

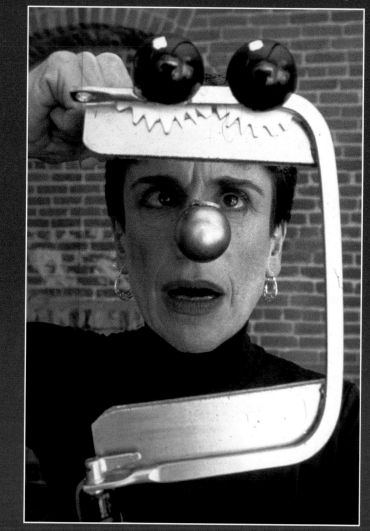

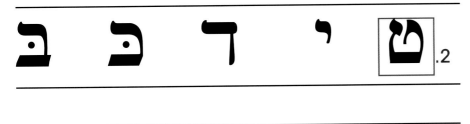

Trace these letters.

כּ כּ כּ כּ

כּ ט י

2. ט י ד כּ בּ

3. ה ח כּ י ט

4. ג כּ בּ כּ א

כּ

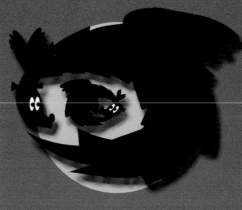

Color in this כּ. On another piece of paper create your own כּ creature.

Help the 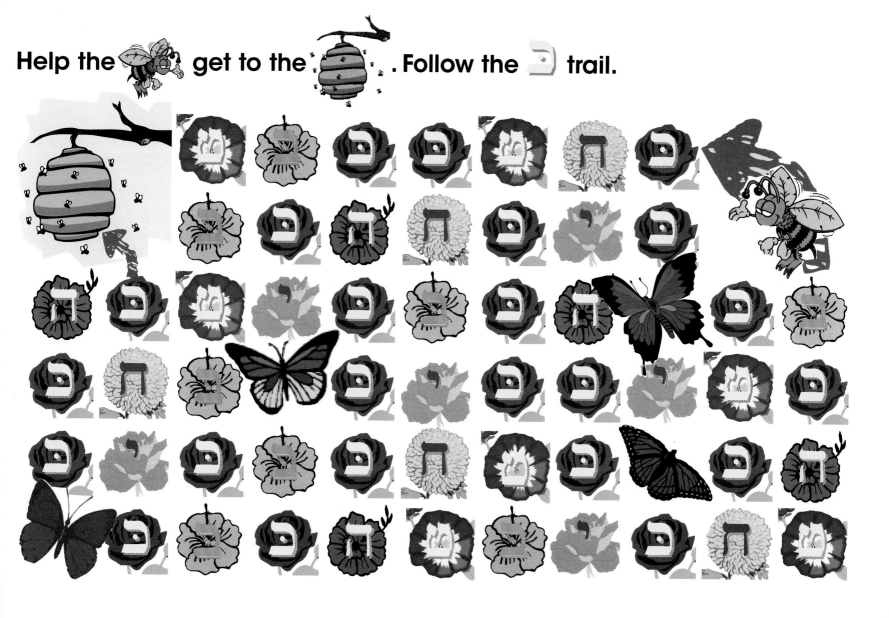 get to the . Follow the ב trail.

Sound out these lines. Start with your finger on the number 1.

1. כָּ כִּ כֵּ כַּ כִּ כֶּ

2. כַּה כֵּב כִּז כֶּח כָּט כִּד

3. כָּךְ אֶךְ דִךְ גַךְ יַךְ וֵךְ

4. כַּג חֵךְ כֶּט יִךְ כֵּא כָּז

khaf כ

A כּ with no dagesh is a כ. It makes the sound of getting ready to spit "kh."

khaf sofit ךְ

A כ that comes at the end of a word looks like ךְ.

Name these ל words:

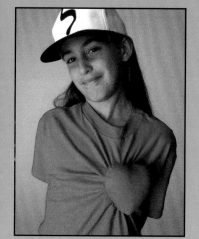

לֵב

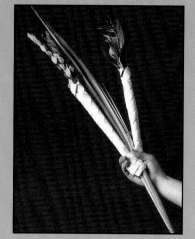

לוּלָב

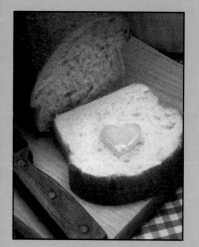

לֶחֶם

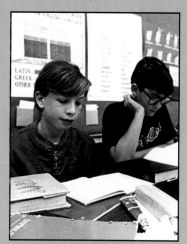

לוֹמֵד

LAMED לָמֶד

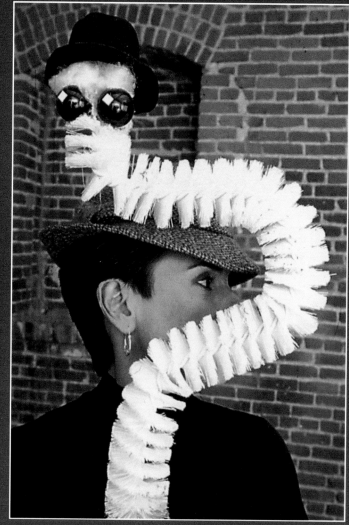

Trace these letters.

ל ל ל ל

ל	י
בּ	כּ
ד	ו
ו	ל
י	בּ
כּ	ד

ג	ה
ז	ט
א	ג
ל	ז
ט	א
ה	ל

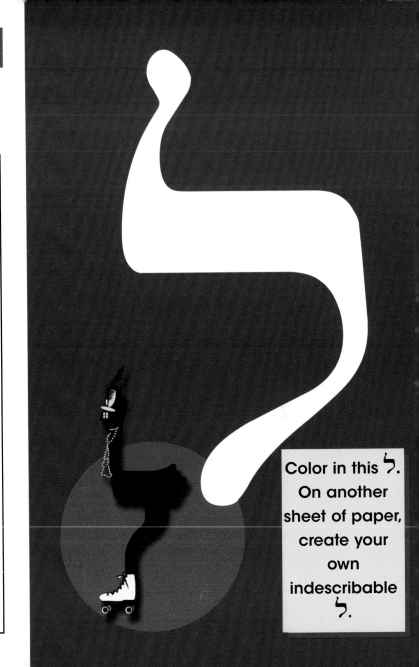

Color in this ל. On another sheet of paper, create your own indescribable ל.

The horses with the ל brand belong to ל farm. Help them get home before the rain by drawing a path for each of them to follow.

Sound out these lines. Start with your finger on the number 1.

1. לְ לֶ לָ לַ לֵ לָ

2. כְּ טֵ יֶ חָ זַ הֵ

3. לֵב לְד לֶךְ לָג לְו לָא

4. דַל בֶּל יָל אְל חֵל זְל

Name these מ words:

מְגִילָה

מְזוּזָה

מֹשֶׁה

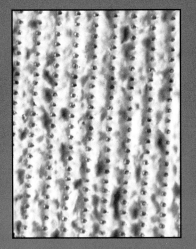

מַצָּה

MEM

מֵם

Trace these letters.

מ מ מ מ

Cross out the letters that are not מ.

1. מ ג מ מ מ

2. מ מ מ ב מ

3. ז מ מ מ מ

4. מ מ ו מ מ

מ

Color in this מ.
On another
sheet of paper,
draw your own
מ-ephant.

These spaceships are named י, פּ, ל, and מ. Each spaceship has its own route. It starts by going through the vortex, and then traveling to three planets. You are the navigator. Draw the route for each spaceship.

Sound out these lines. Start with your finger on the number 1.

1. מֵ מַ מִ מֶ מָ מֵ

2. אֵם בִּם בָּם טַם חָם לֶם

3. מֵא מָה מֶם הֶם דַם יָם

4. מִז מַג וִם כָּם מִב מֶל

mem sofit ם

ם

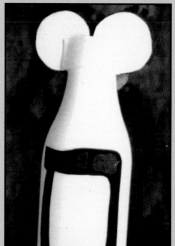

Marilyn is holding a ם. It is also a מ. You find the ם only at the end of words.

Name these נ words:

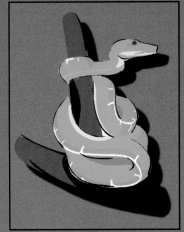

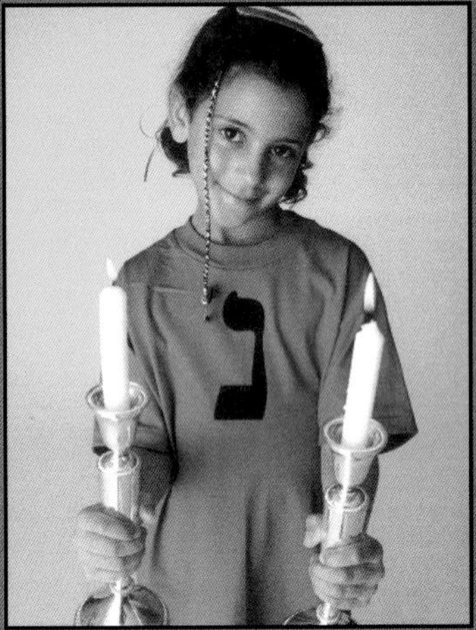

נֵרוֹת

נֵר

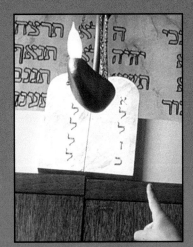

נָחָשׁ

נֵר תָּמִיד

NUN

נוּן

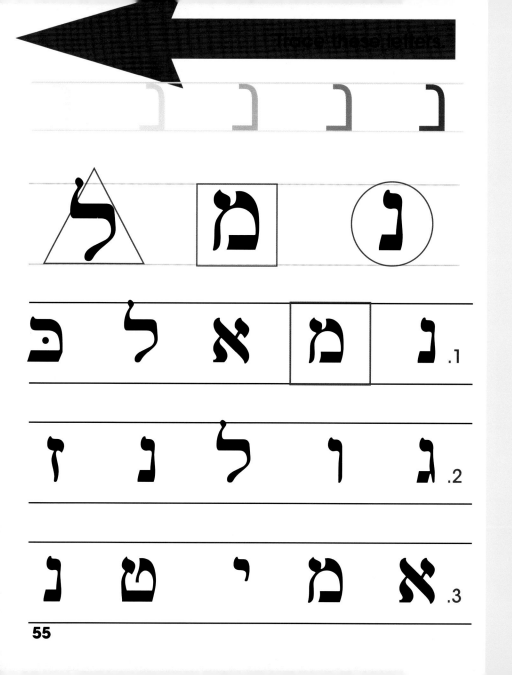

Trace these letters.

נ נ נ נ

נ מ ל

1. נ מ א ל בּ

2. ג ו ל נ ז

3. א מ י ט נ

Color in this נ and create your own slithering נ on another sheet of paper.

Purim is coming. Each of these famous people wants to dress up as a clown. On the line write the letter of the clown mask he or she will choose.

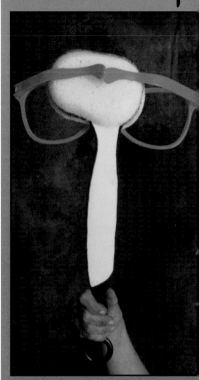

Sound out these lines. Start with your finger on the number 1.

1. נֵ נֶ נָ נִ נַ נִ

2. בֶּן גָן דֵן טִן מַן נָן

3. טִךְ טָךְ טֶם טֵן הַן זֶן

4. נֵם נָא מִן נַב לִן כַּן

nun sofit ן

Marilyn is holding a ן. It is also a נ. You find the ן only at the end of words.

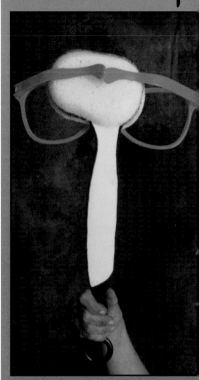

Name these ס words:

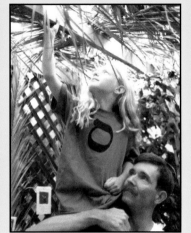

סֻכָּה

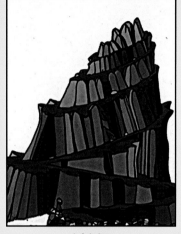

סִינַי

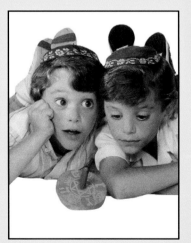

סְבִיבוֹן

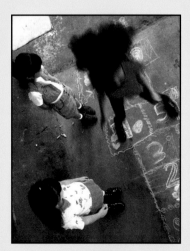

סִדּוּר

SAMEKH סָמֶךְ

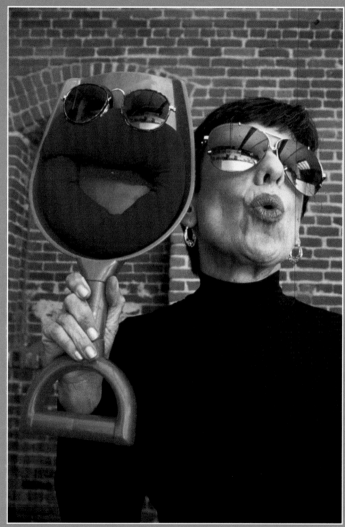

Trace these letters.

ס ס ס ס ס

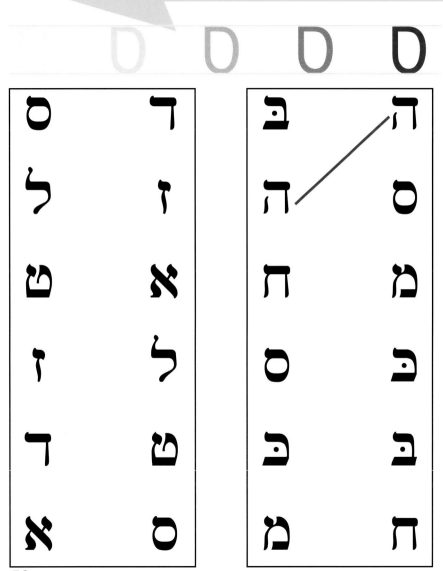

ס	ד
ל	ז
ט	א
ז	ל
ד	ט
א	ס

בּ	ה
ה	ס
ח	מ
ס	פּ
פּ	בּ
מ	ח

Color in this ס and make up your own sophisticated ס on a separate piece of paper.

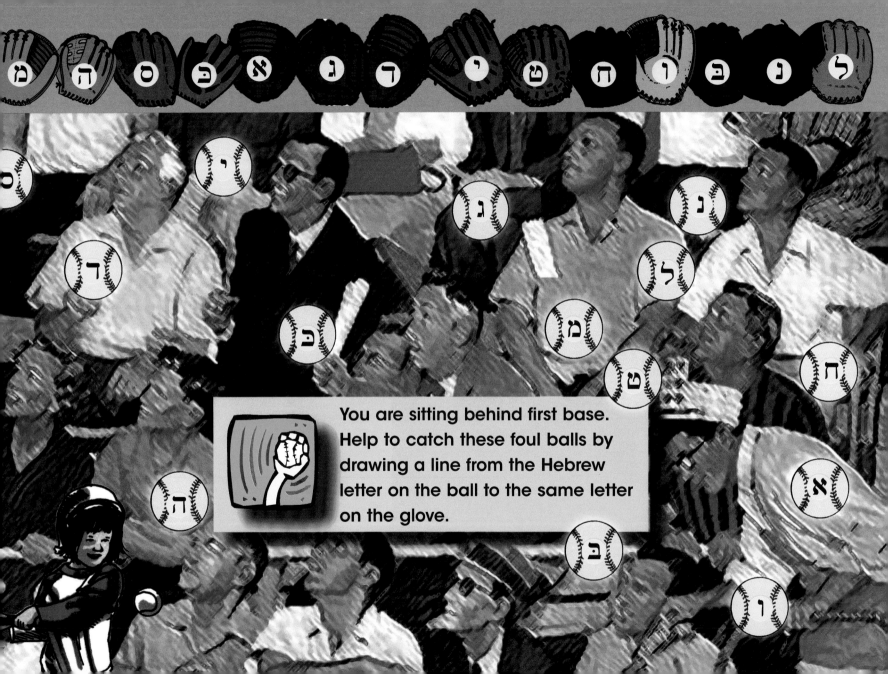

You are sitting behind first base. Help to catch these foul balls by drawing a line from the Hebrew letter on the ball to the same letter on the glove.

Sound out these lines. Start with your finger on the number 1.

1. סֵ סַ סִ סָ סֶ סוֹ

2. אוֹ גוֹ טוֹ נוֹ לוֹ מוֹ

3. סוֹל סֵב סָה סַךְ סִם סֶד

4. כַּס כֵּם סוֹד נֵס חָס סֶן

holom וֹ

Marilyn is holding a ס. Next to the ס she is holding a vowel. This vowel is a וֹ (holom). When you put your mouth in a circle and make a sound, you come out with the sound of the וֹ.

Name these **ע** words:

עוֹלָם

עֵץ

עַם

עֵץ חַיִּים

AYIN עַיִן

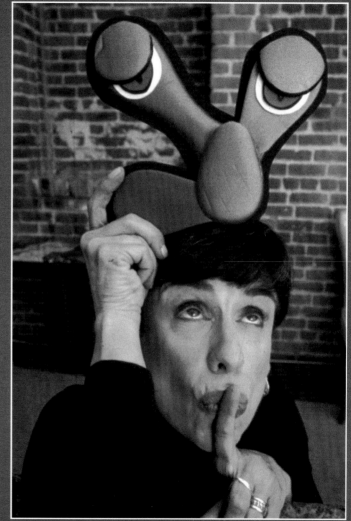

Trace these letters.

ע ע ע ע

Cross out the letters that are not ע.

1. ס ע א ע ע

2. ע בּ ע ע ט

3. ע ע ם י ע

4. כּ נ ע ע ע

Color in this ע and make up your own ע chorus line on another sheet of paper.

ONCE UPON A TIME a bunch of fairy tale characters escaped from their stories and made new friends. They refused to go back. It is now your job to tell a story with all the ע characters.

Sound out these lines. Start with your finger on the number 1.

1. עָ עֶ עוֹ עִ עַ עֵ

2. עַל עֵט עִם עַז עוֹס עֶא

3. בַּע וֵע חִע כִּע נָע דוֹע

4. יָע עוֹג הָע עֵס עוֹךְ אֵע

Name these פּ words:

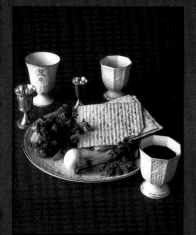

פֶּסַח

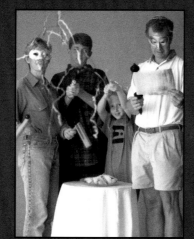

פּוּרִים

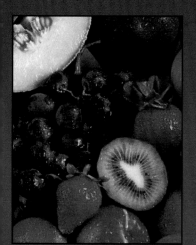

פֵּירוֹת (פְּרִי)

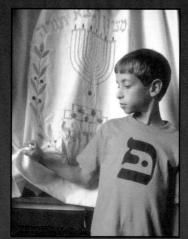

פָּרוֹכֶת

PEY פֵּא

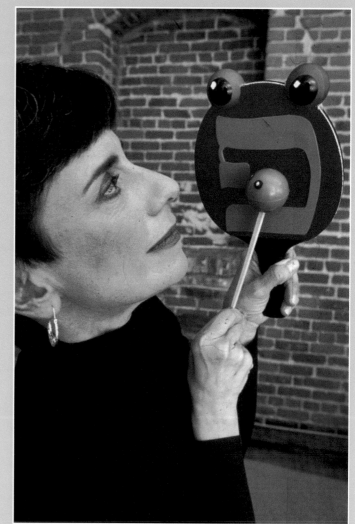

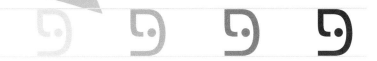

Trace these letters.

פּ פּ פּ פּ

פּ ע ס

1. פּ א ע בּ ס

2. כּ מ פּ ם ס

3. א ע ס פּ ל

פּ

Color in this פּ and make up your own פּ. (We don't know what this פּ is.)

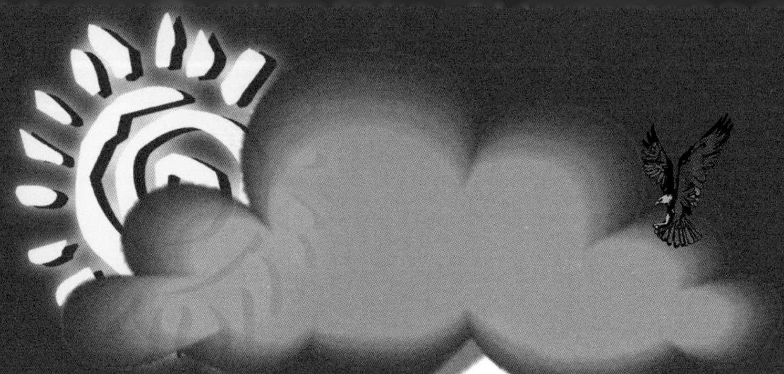

To find out which picnic basket was left for you, match the bears with their baskets.

Sound out these lines. Start with your finger on the number 1.

1. פִּ פּוֹ פֵּ פָּ פֶּ פַּ

2. פָּף פִּף פֵּף פַּף פּוֹף פֶּף

3. אַף דֶף לוֹף חָף בִּף עוֹף

4. פִּז וַף פַּח נוֹף פַּם פֵּה

fey פ

A פּ without a dagesh is a פ. It makes the sound you make when you blow on your soup—"fffff."

fey sofit ף

A פ that comes at the end of a word looks like ף.

Name these צ words:

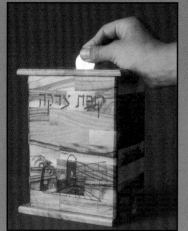

צְדָקָה

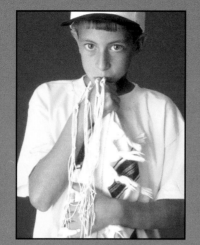

צִיצִית

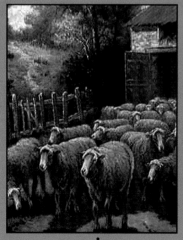

צֹאן

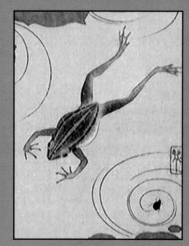

צְפַרְדֵּעַ

TZADI צָדִי

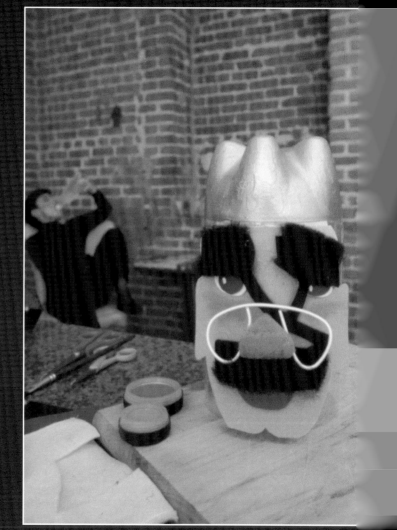

Trace these letters.

צ צ צ צ

Cross out the letters that are not צ.

1. צ צ ע צ א

2. מ צ צ א ט

3. צ ע צ צ ע

4. מ צ א צ א

צ

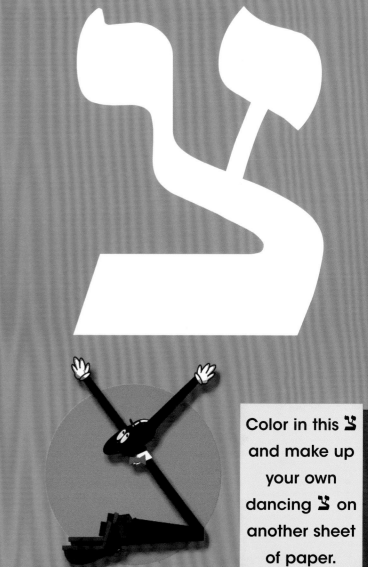

Color in this צ and make up your own dancing צ on another sheet of paper.

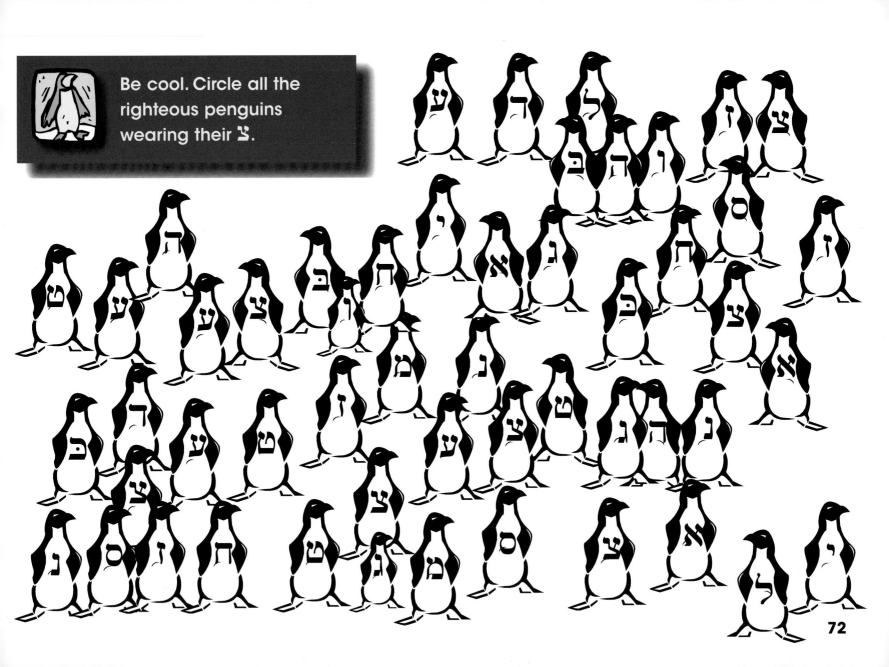

Be cool. Circle all the righteous penguins wearing their צ.

72

tzadi sofit ץ

Marilyn is holding a ץ. It is the צ that comes at the end of a word.

Sound out these lines. Start with your finger on the number 1.

1. צוֹ צֶ צַ צִ צָ צֵ

2. מִץ עֵץ פִּץ הִץ חֵץ בּוֹץ

3. פֶּץ צַד יָץ צִב סֵץ צֵא

4. עַם גָן לֵךְ סוֹף זָץ צַו

Name these ק words:

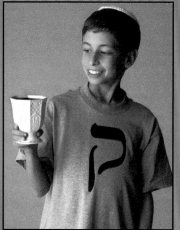

קִדּוּשׁ

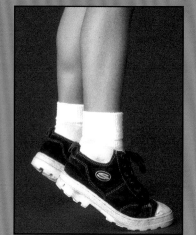

קָדוֹשׁ

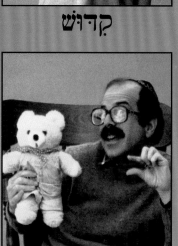

קָטָן

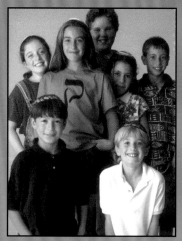

קְהִלָּה

KUF קוֹף

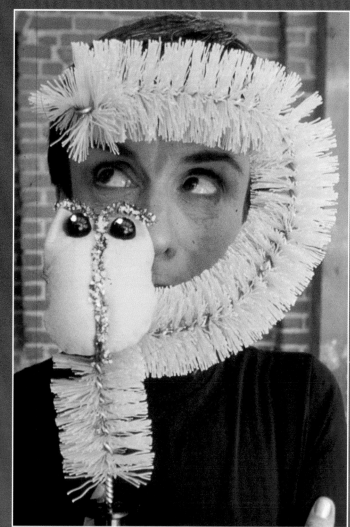

Trace these letters.

ק ק ק ק ק

Circle all the ק letters.

1. מ ק ק ח ה

2. ק כּ ךְ ק ף

3. ז ק ה ל ק

4. ק צ ע ק ט

Color in this ק and draw your own funny ק.

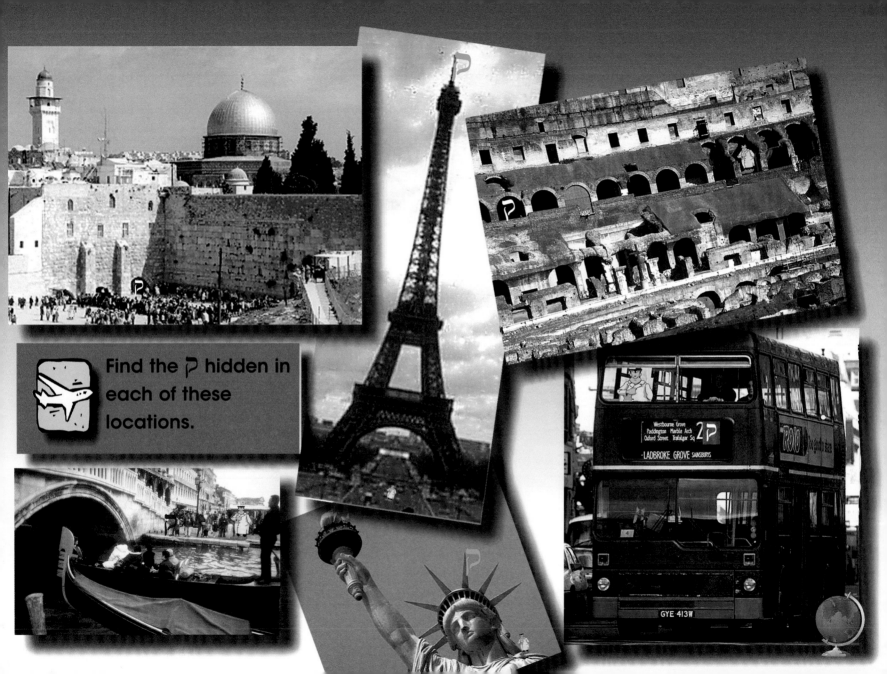

Find the ק hidden in each of these locations.

Sound out these lines. Start with your finger on the number 1.

1. קוּ קַ קָ קִ קֵ קוֹ

2. קַט קוּם קֵב קָד קוֹל קֶן

3. עַק הֵק יֶק זוּק סֵק פּוֹק

4. קֵץ גַן דָם טוֹב חוּם כַּץ

shuruk וּ

Marilyn is holding a ק. Next to the ק is a vowel, וּ (shuruk) This vowel makes an owl's favorite vowel sound? Can you figure out why?

הוּט

Name these ר words:

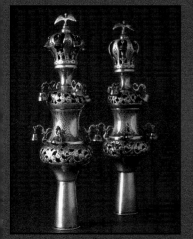

רִמוֹנִים

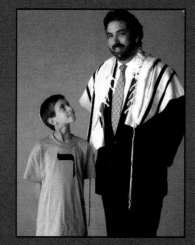

רַב

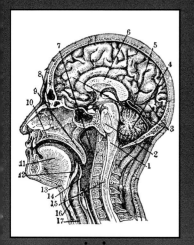

רֹאשׁ

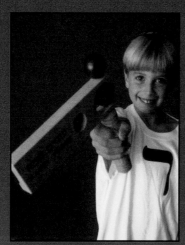

רַעֲשָׁן

RESH רֵישׁ

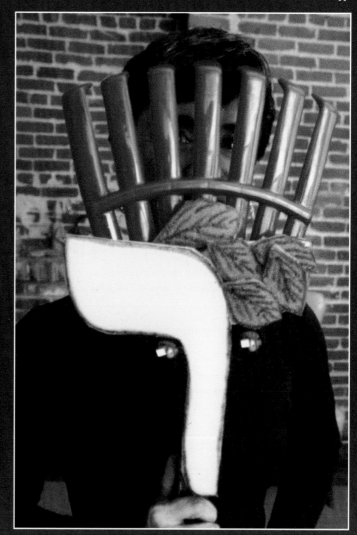

Trace these letters.

ר ר ר ר

ר ק צ

1. ה ק ר כּ ע

2. צ א ל ר בּ

3. ר צ י ק ר

Color in this ר and draw your own dancing ר.

Go on safari. There is
more than one ר hiding.
Find them all.

Sound out these lines. Start with your finger on the number 1.

1. רְ רֶ רוּ רָ רַ רֵ

2. גַר חוֹר צְר טוּר מַר וֶר

3. נֵר נֵץ צוֹם רוּל רְףּ רַב

4. גְר הָר רֵא נוּן רוֹךְ רַק

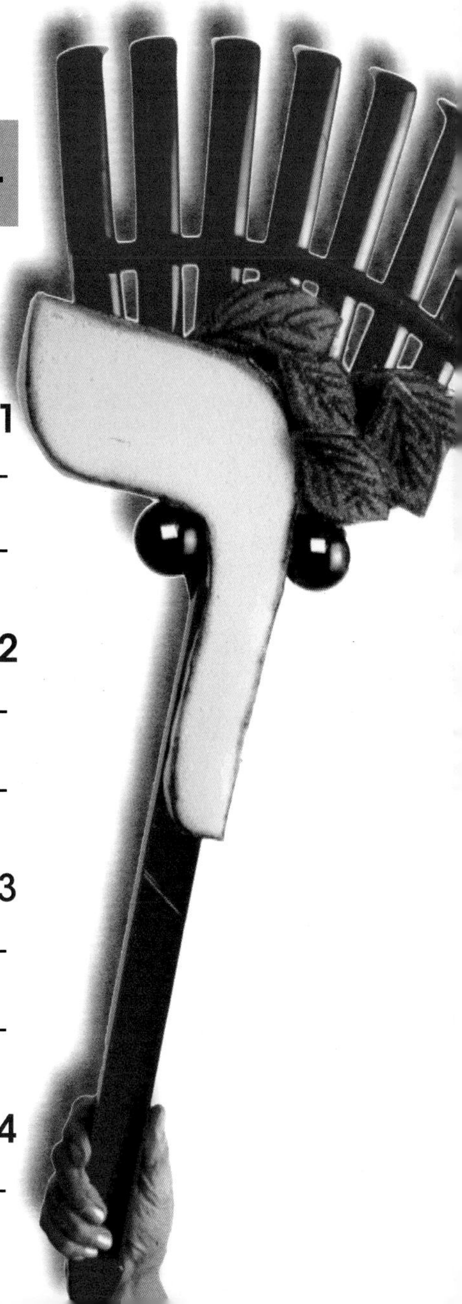

Name these שׁ words:

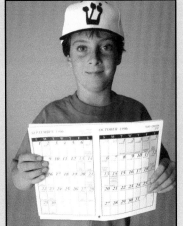

שָׁנָה

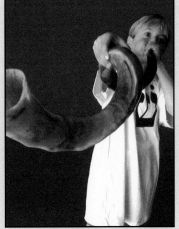

שׁוֹפָר

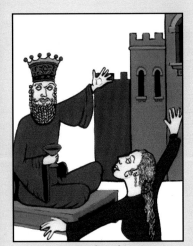

שׁוּשָׁן

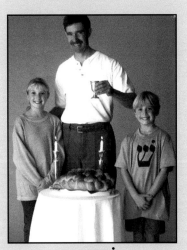

שַׁבָּת

SHIN שִׁין

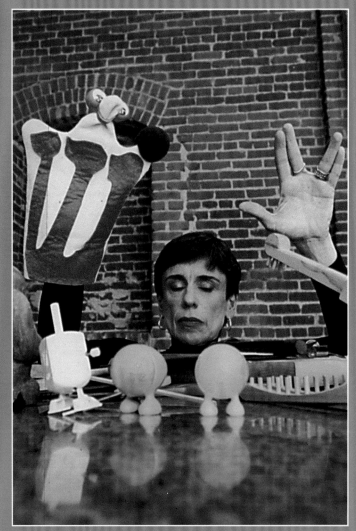

Trace these letters.

שׁ שׁ שׁ שׁ

ס	כּ
שׁ	נ
ג	ט
כּ	ג
נ	ס
ט	שׁ

שׁ	צ
צ	ל
ל	ר
פּ	שׁ
ר	ק
ק	פּ

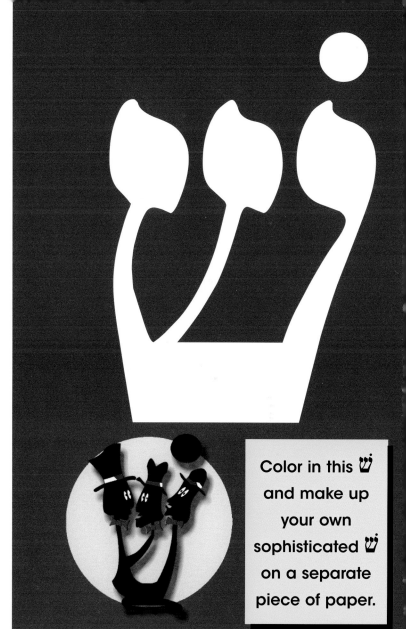

Color in this שׁ and make up your own sophisticated שׁ on a separate piece of paper.

Chart an ocean cruise for each ship by drawing a way for it to visit all the places with the same Hebrew letter.

Sound out these lines. Start with your finger on the number 1.

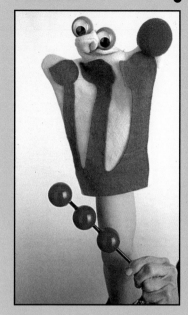

1. שֻׁ שׁוּ שָׁ שַׁ שֶׁ שֵׁ

2. שׁוֹ שֵׁב טוּשׁ בָּשׁ בּוֹשׁ שָׁם

3. כֻּם מֻל יֻט בּוּד עֻשׁ גֻשׁ

4. שׁוֹה קֵשׁ שֵׁם שֵׁס צֵל שׁוֹשׁ

kubbutz ֻ

Marilyn is holding a שׁ. Under the שׁ she is holding a vowel. This vowel is a ֻ (kubbutz). It is also the owl's favorite vowel sound. Hootie Hoo!

Name these שׂ words:

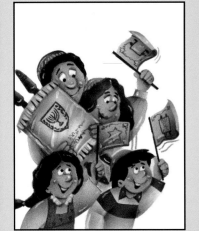

שִׂמְחַת תּוֹרָה

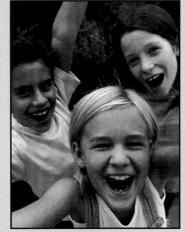

שִׂמְחָה

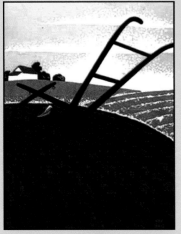

שָׂדֶה

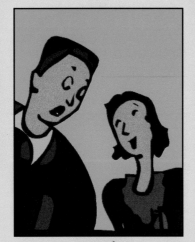

שִׂיחָה

SIN שִׂין

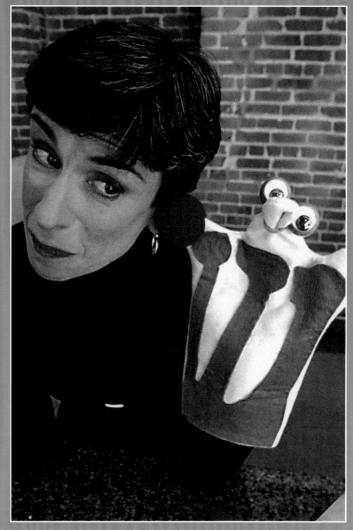

Trace these letters.

שׂ שׂ שׂ שׂ

Cross out the letters that are not שׂ.

1. א שׂ ע שׂ שׂ

2. שׂ צ שׂ ט שׂ

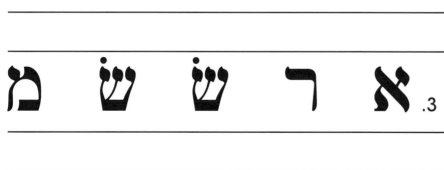

3. א ר שׂ שׂ מ

4. שׂ שׁ שׂ שׂ שׂ

Color in this שׂ and make up your own שׂ chorus line on another sheet of paper.

Sometimes Janie confuses the שׂ and the שׁ. Help Janie by crossing out all of the שׁ letters.

Sound out these lines. Start with your finger on the number 1.

1. שָׁ שִׁ שׁוֹ שׁוּ מִ שֵׁ

2. שִׁם טַשׁ שָׁר קַשׁ שַׁח עֶשׁ

3. שָׁ שָׁ סָ שִׁ שֶׁ שֻׁ

4. יִשׁ רָא אֶל שִׁם שָׁ לוֹם

Name these תּ words:

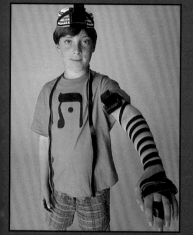

תְּפִילִין

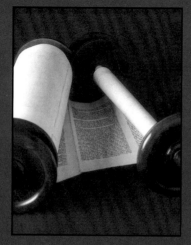

תּוֹרָה

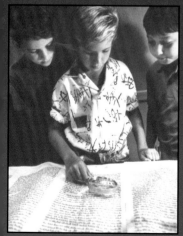

תַּלְמוּד תּוֹרָה

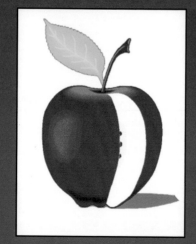

תַּפּוּחַ

TAV תָּו

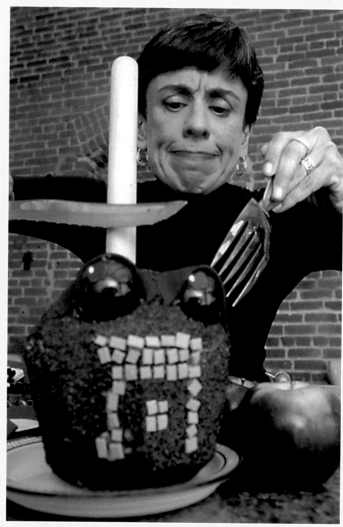

Trace these letters.

תּ תּ תּ תּ

שׁ שׁ תּ

1. שׁ תּ ה שׁ ח

2. תּ שׁ שׁ תּ ד

3. תּ שׁ ס שׁ תּ

Color in this תּ and make up your own wild beast תּ.

The three best tomatoes in Maha̲ne Yehudah have a תּ on them. Find and circle them.

נ ט ס ו תּ ר ג

ק ה א י ע שׁ מ

שׁ בּ ל פּ ח ת צ ד ז כּ נ ר

ר י צ ו ט נ ז מ ח א ו שׁ

תּ שׁ ה פּ ג ד ט ק ס ל כּ ע

Sound out these lines. Start with your finger on the number 1.

1. תִּ תַּ תֵּ תּוֹ תֶּ תּוּ

2. אֶת תּוֹף עֵת תֵּא אוֹת תָּם

3. גוּף מֵת תֵּן טֶת שָׁת שָׁת

4. שֶׁ מַע אֶ חָד אָ מֵן

ת sounds just like תּ.

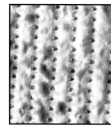

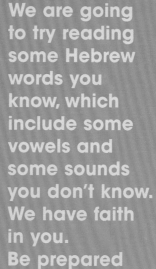

Are you brave?
We are going
to try reading
some Hebrew
words you
know, which
include some
vowels and
some sounds
you don't know.
We have faith
in you.
Be prepared
to guess.
You can do it!

.1

חַלָּה

בַּיִת

אֶתְרוֹג

שׁוֹפָר

.2

תּוֹרָה

גֶּשֶׁם

מְזוּזָה

עוֹלָם

.3

גָּמָל

מַצָּה

עֵץ

לוּלָב

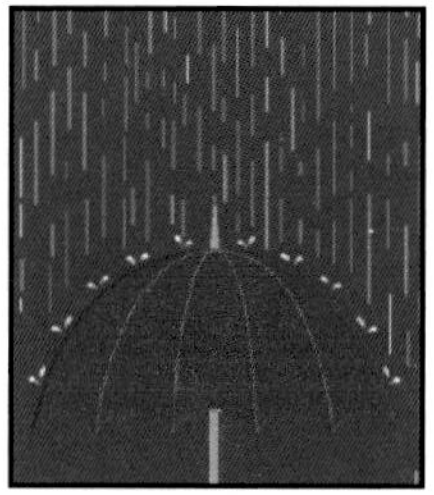

4.

כַּרְפָּס

וַשְׁתִּי

שַׁבָּת

חֹשֶׁן

דֶגֶּל

5.

פּוּרִים

רַעֲשָׁן

טָלִית

מְגִילָה

נֵרוֹת

6.

סְבִיבוֹן

יָד

לֶחֶם

רִמוֹנִים

הַגָּדָה

7.

וֶרֶד

צִיצִית

מֹשֶׁה

כִּפָּה

זָהָב

8.

סֻכָּה

הַבְדָּלָה

חֲנֻכִּיָּה

בִּימָה

לֵב

9.

אֶחָד

שִׂמְחָה

דְּבַשׁ

תַּפּוּחַ

קִדּוּשׁ